CHIUSO *Dentro*
LABIRINTI PER ADULTI

ActivityCrusades

Pubblicato da Speedy Publishing Canada Limited

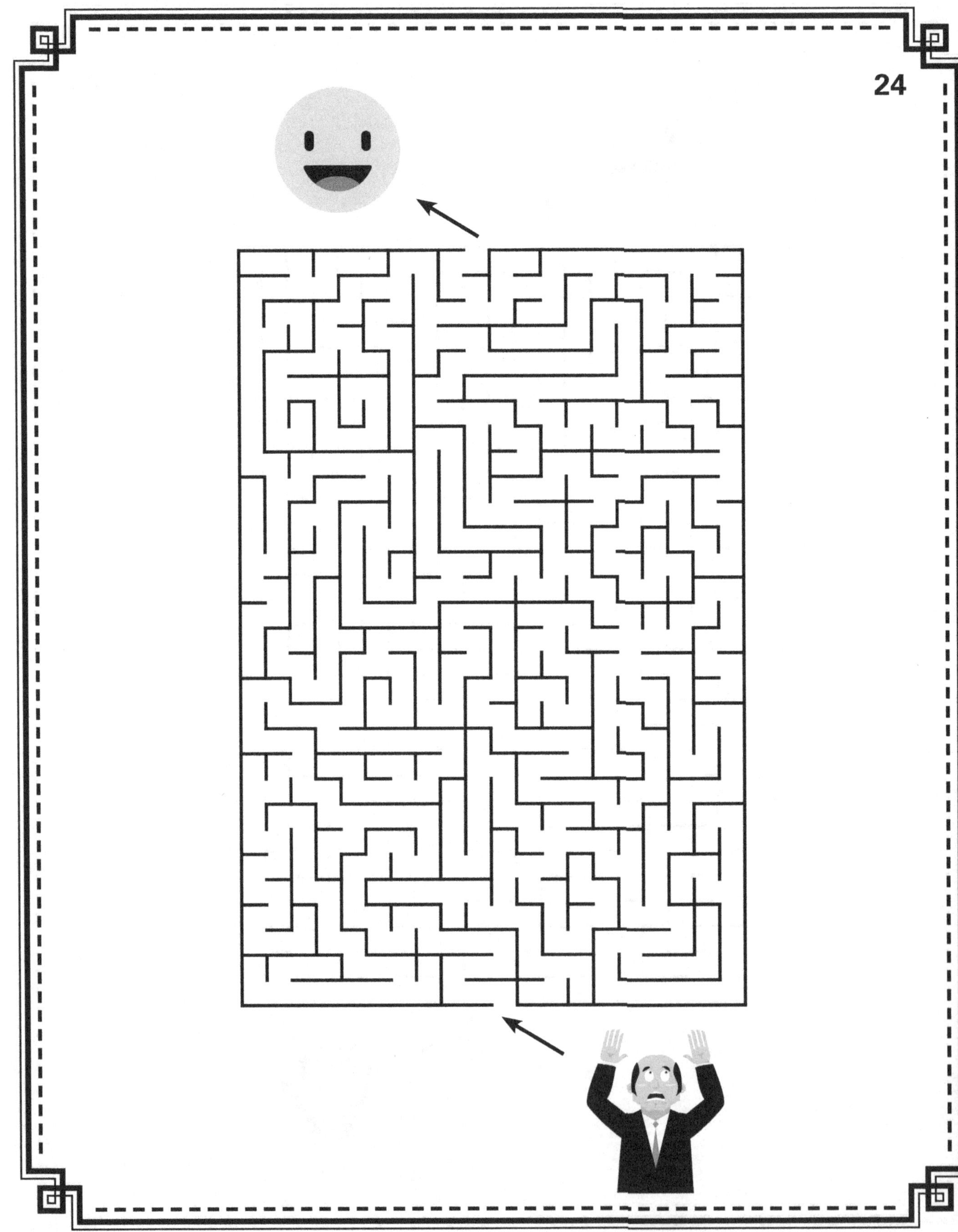

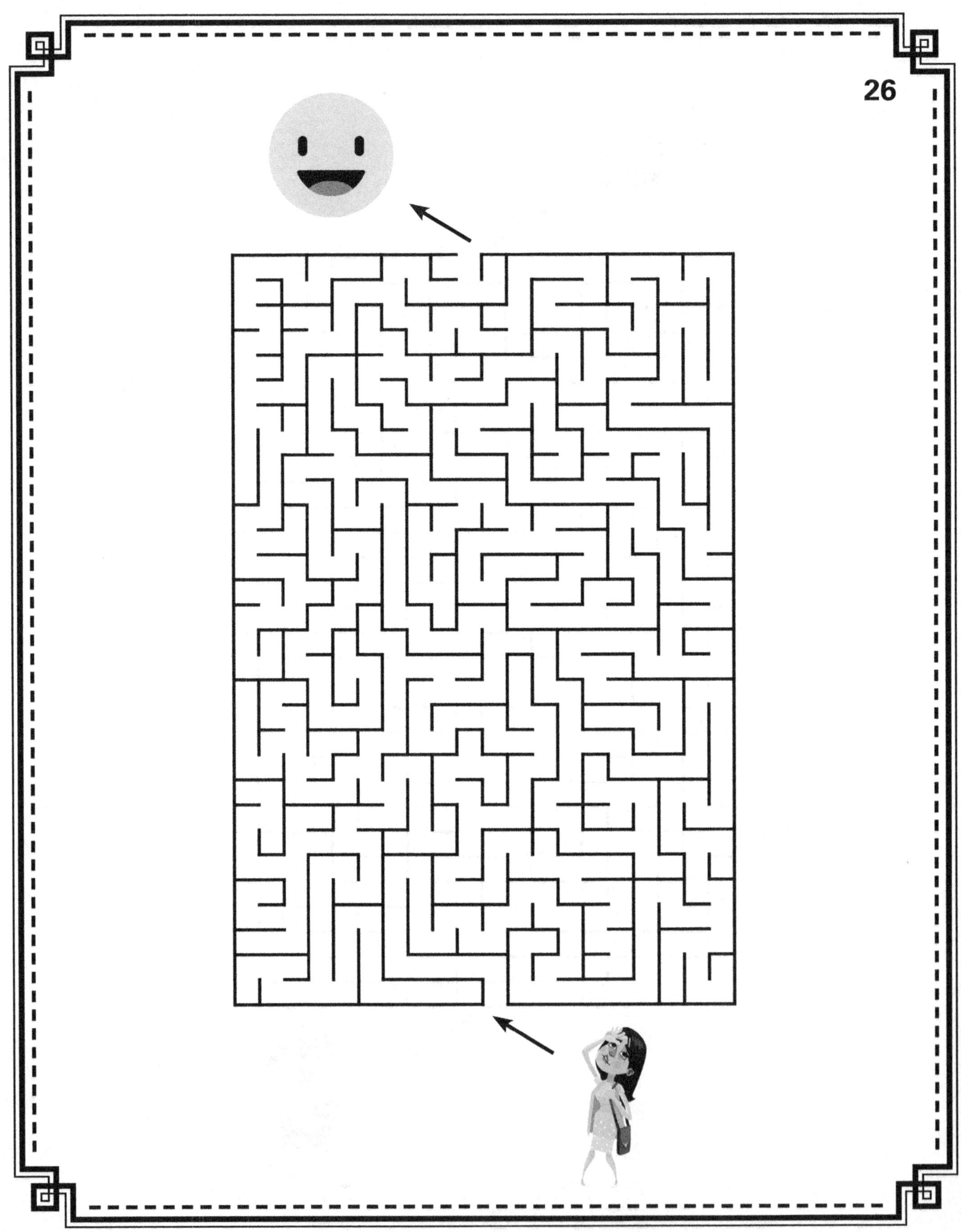

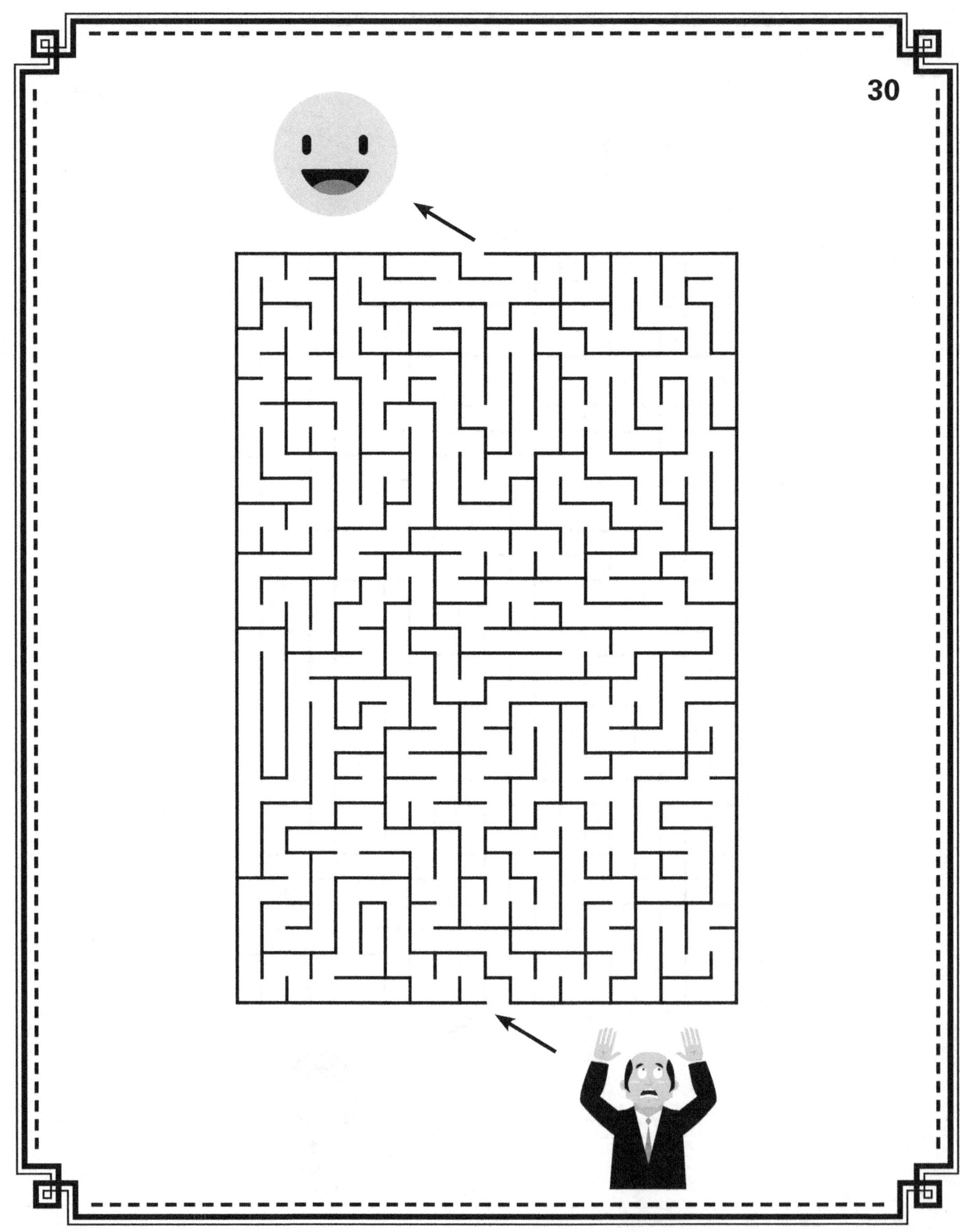

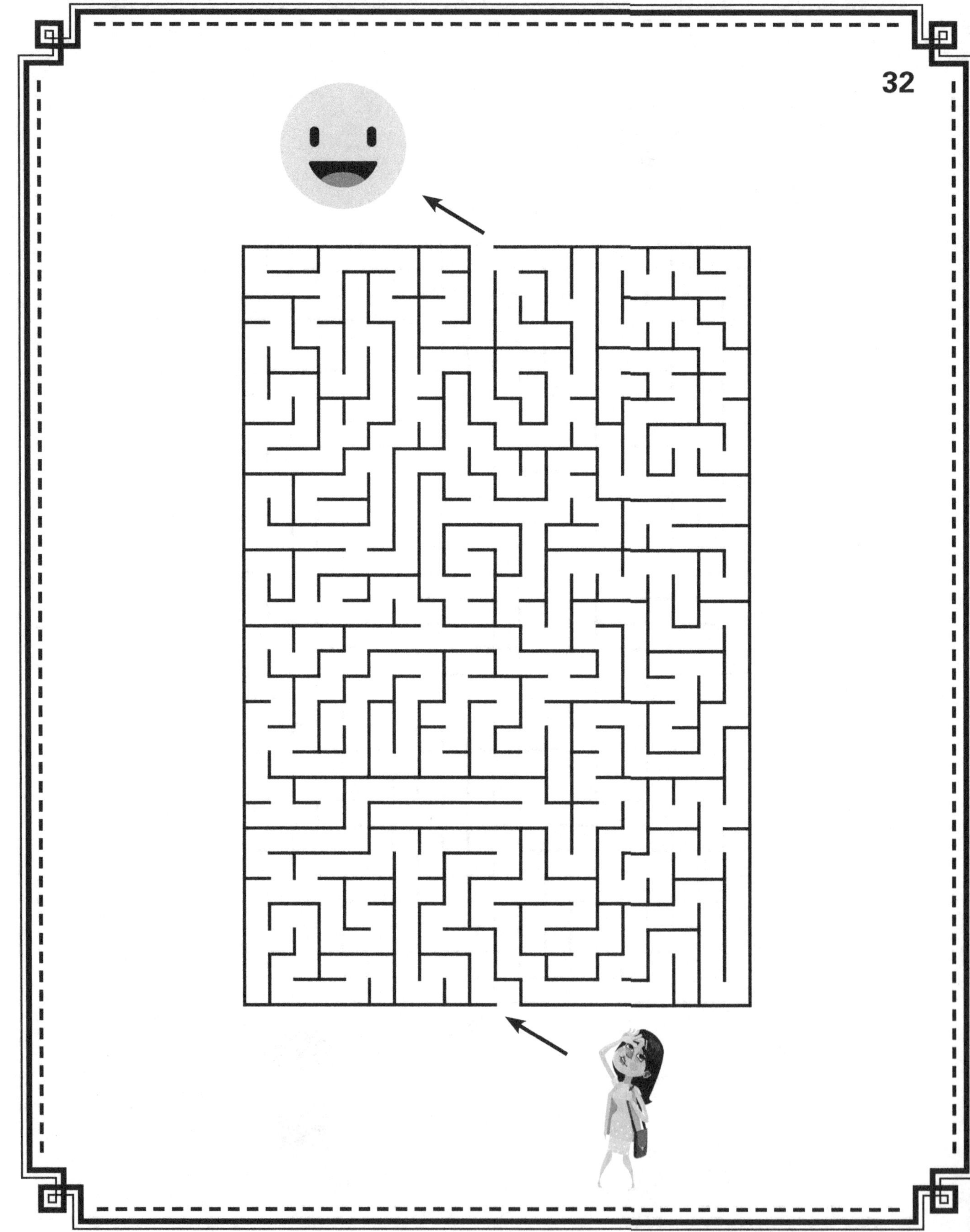

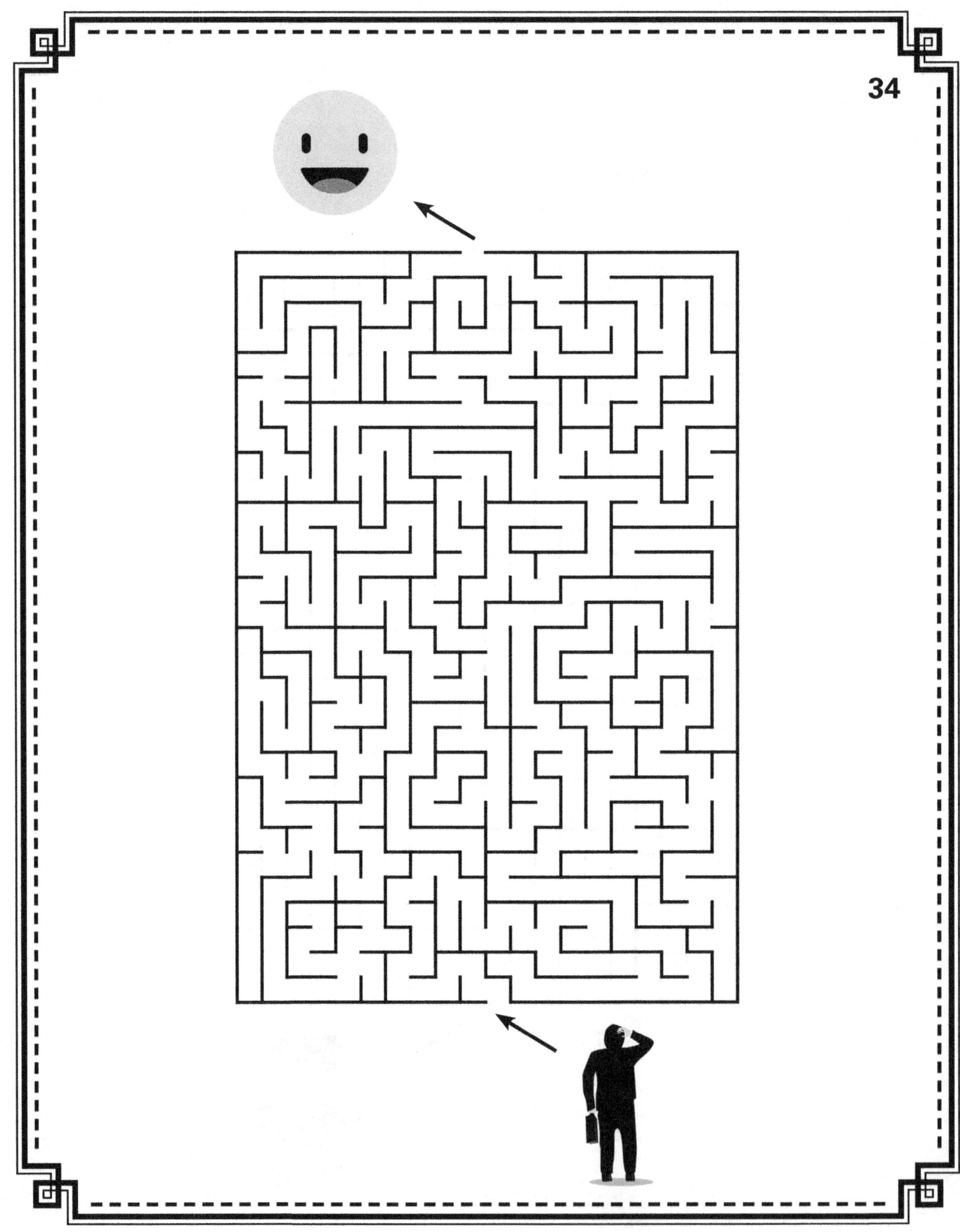

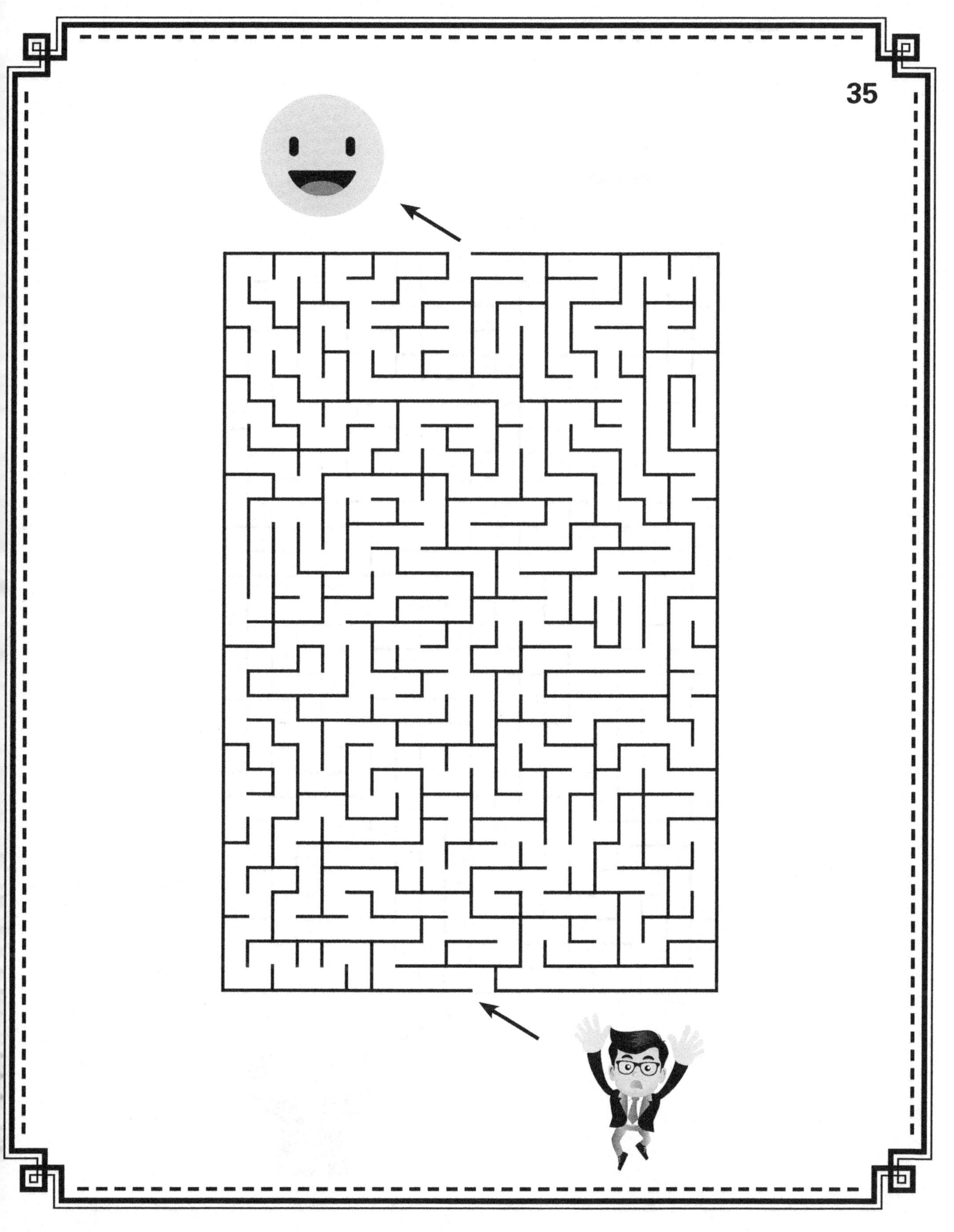

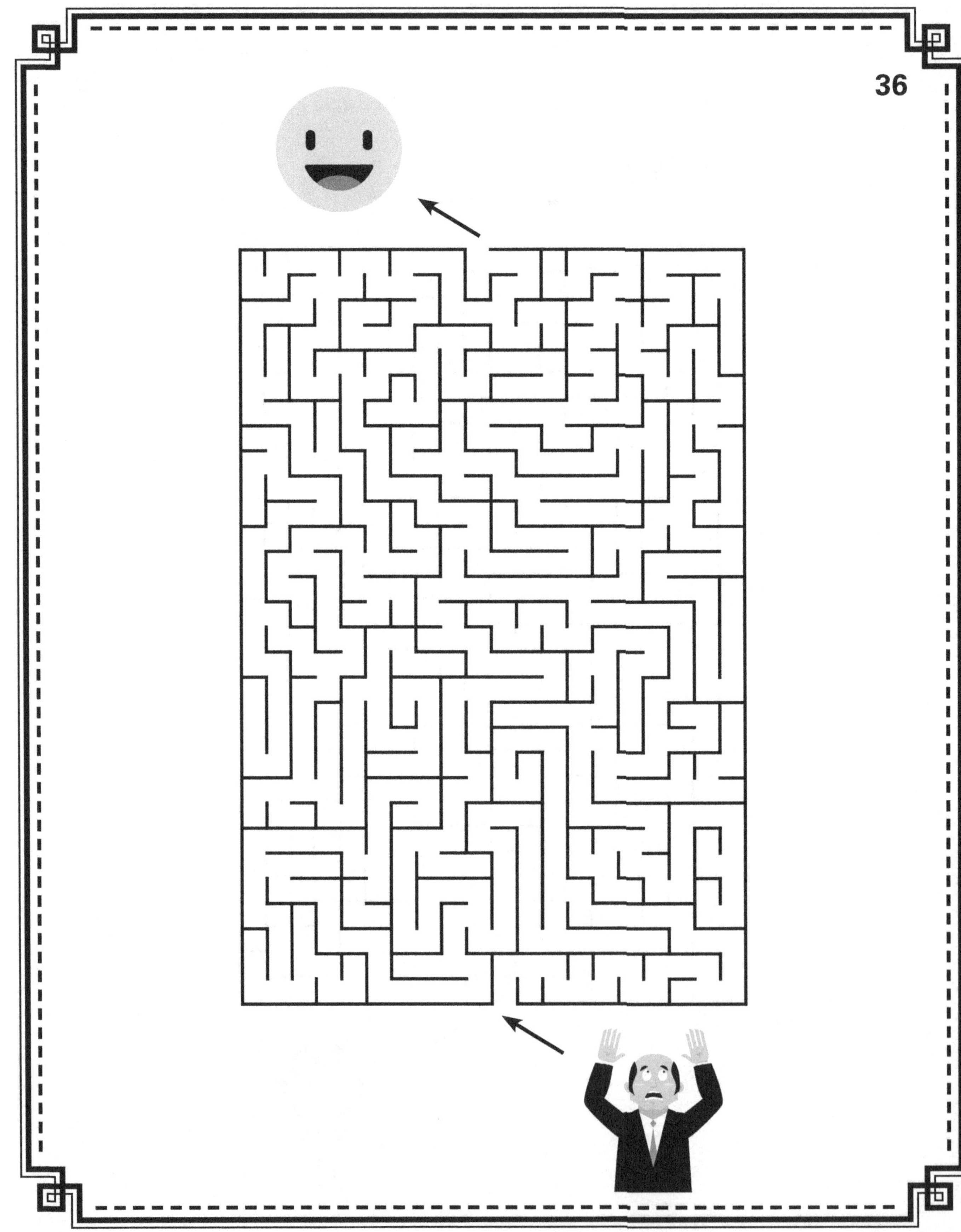

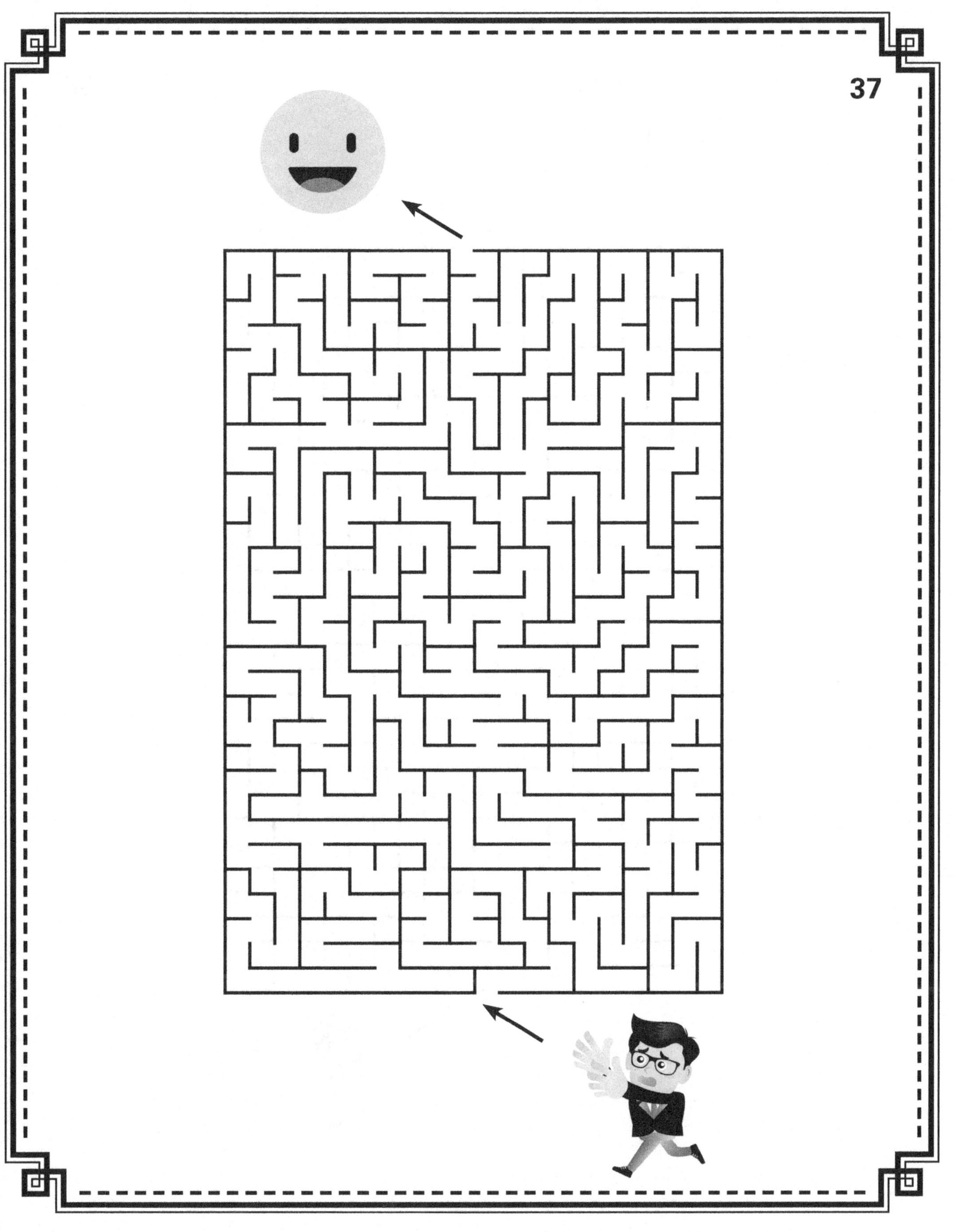

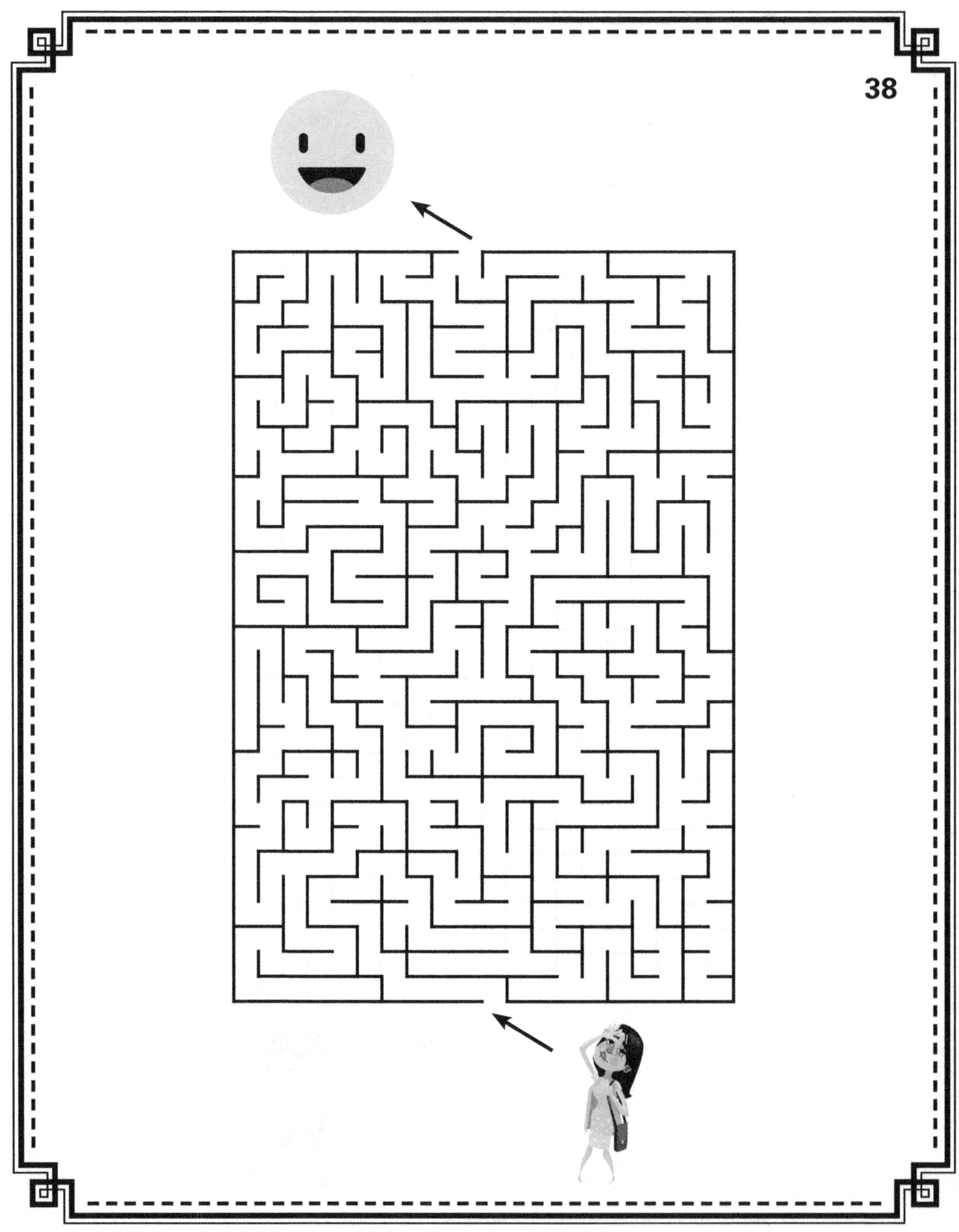

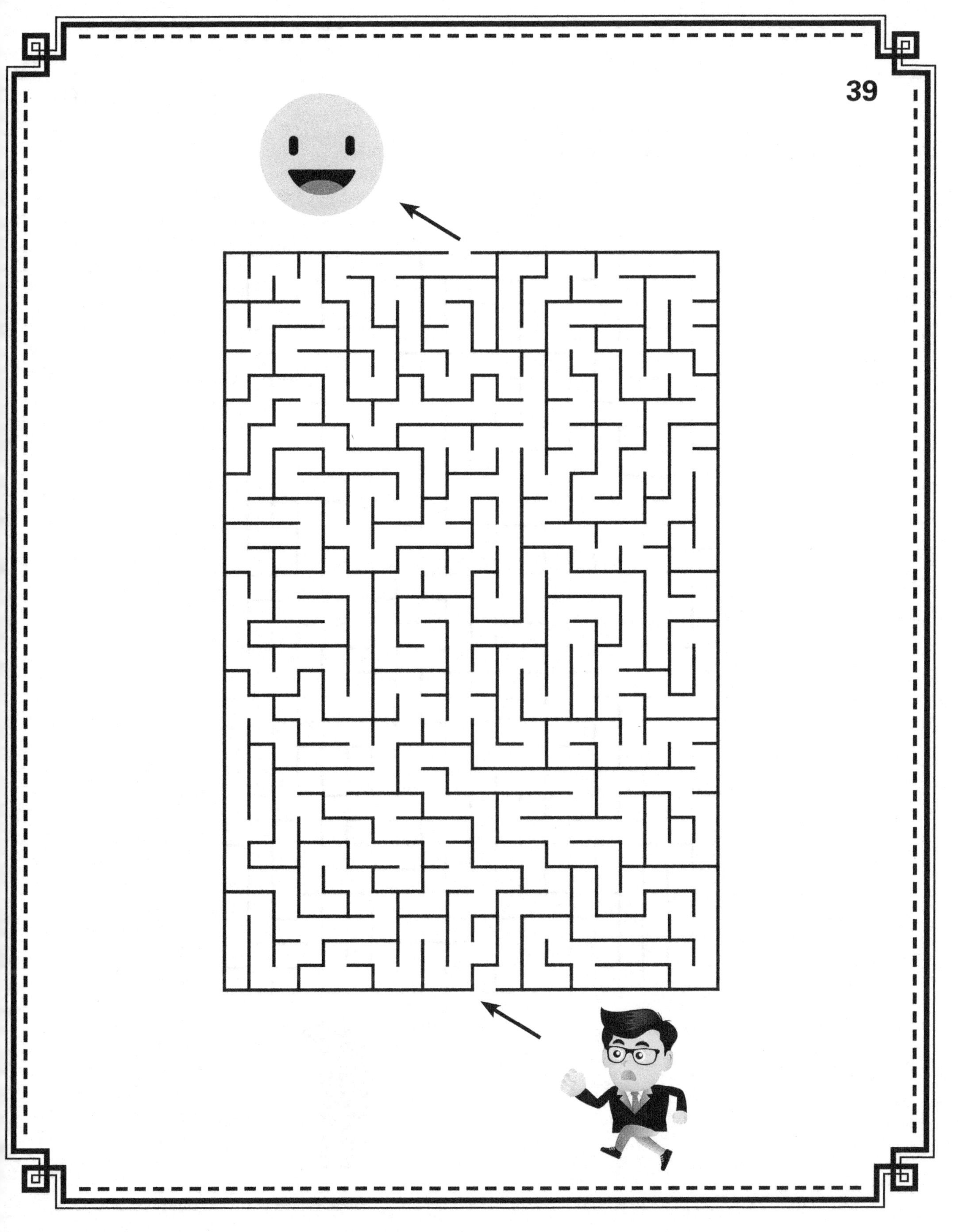

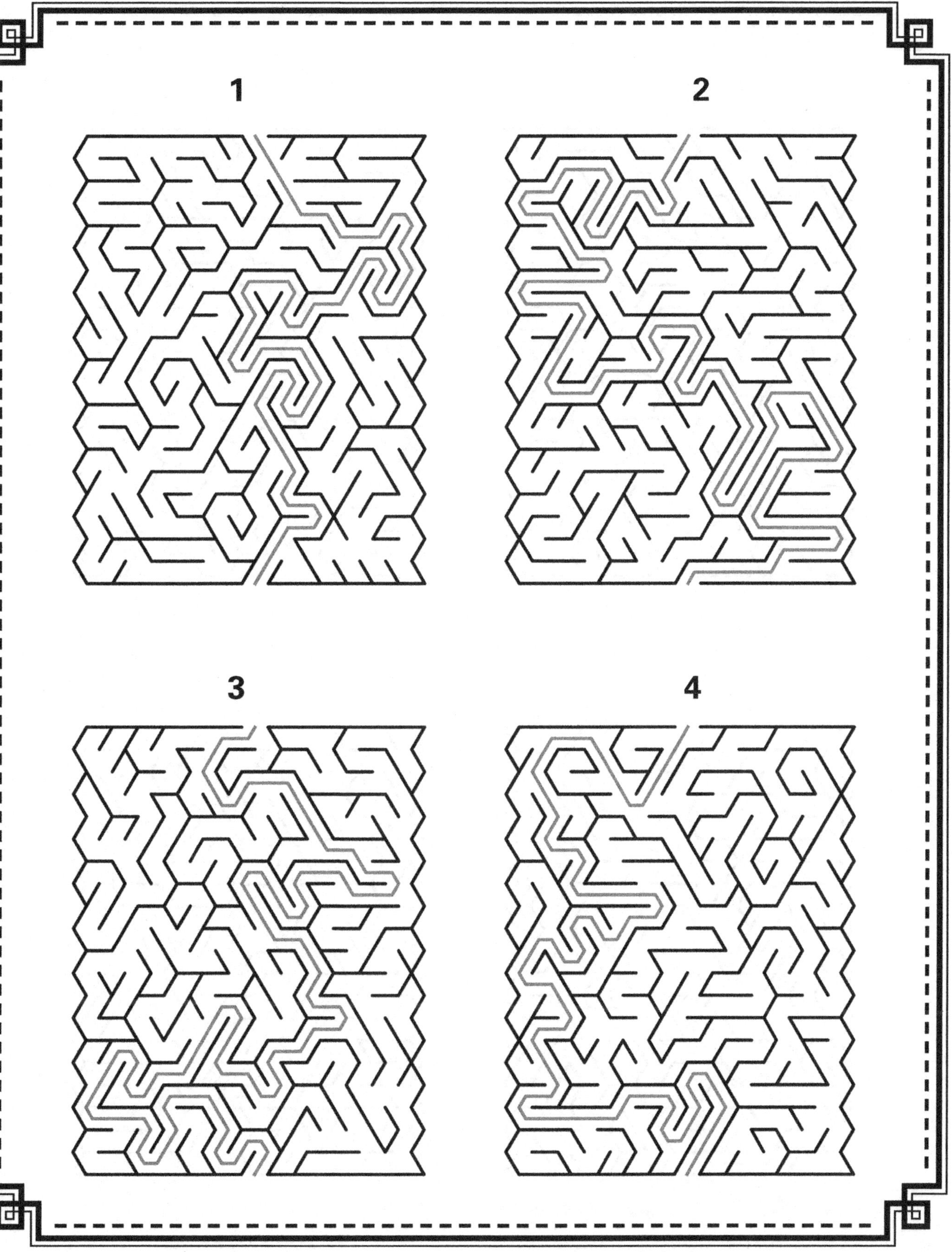
1
2
3
4

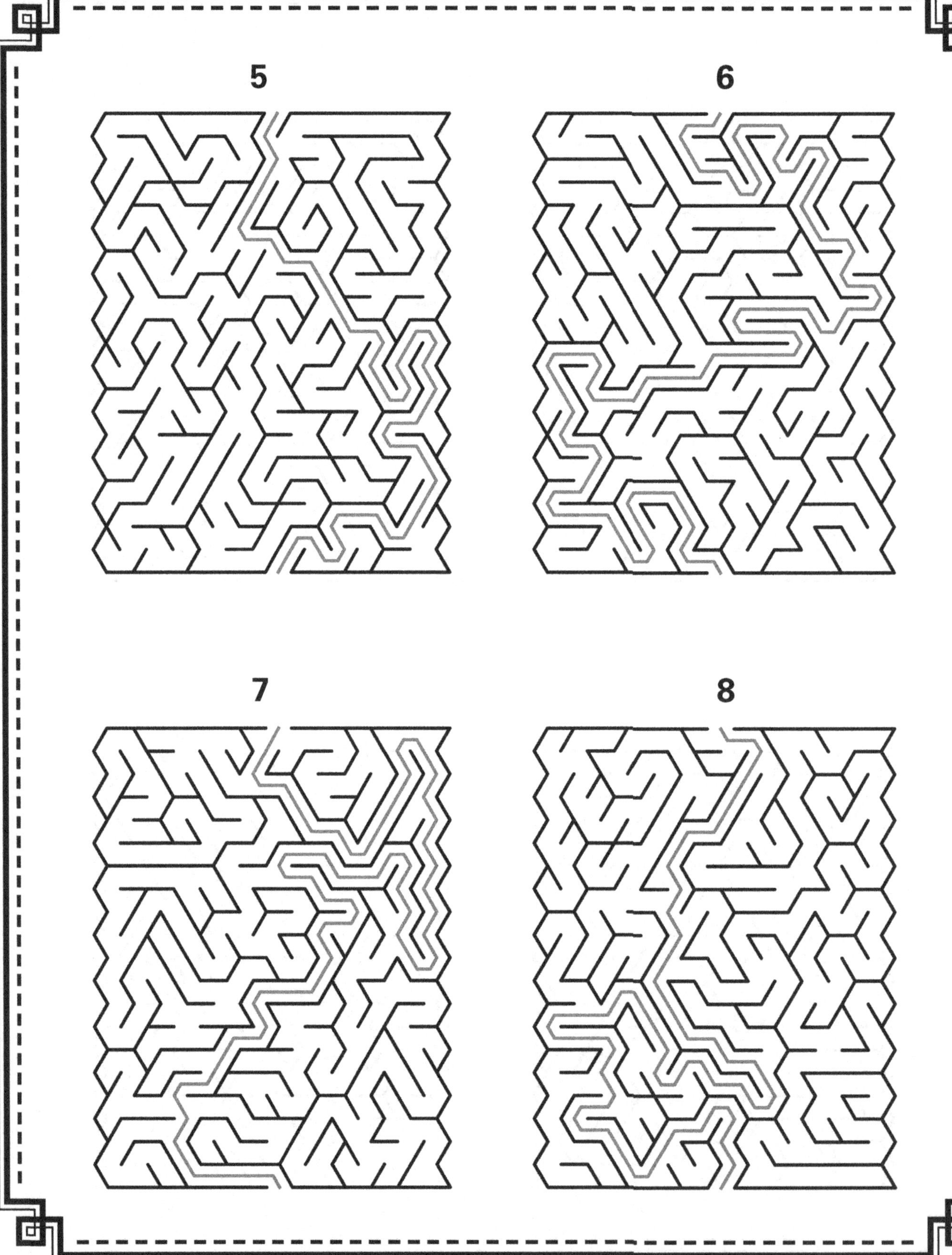
5
6
7
8

9
10
11
12

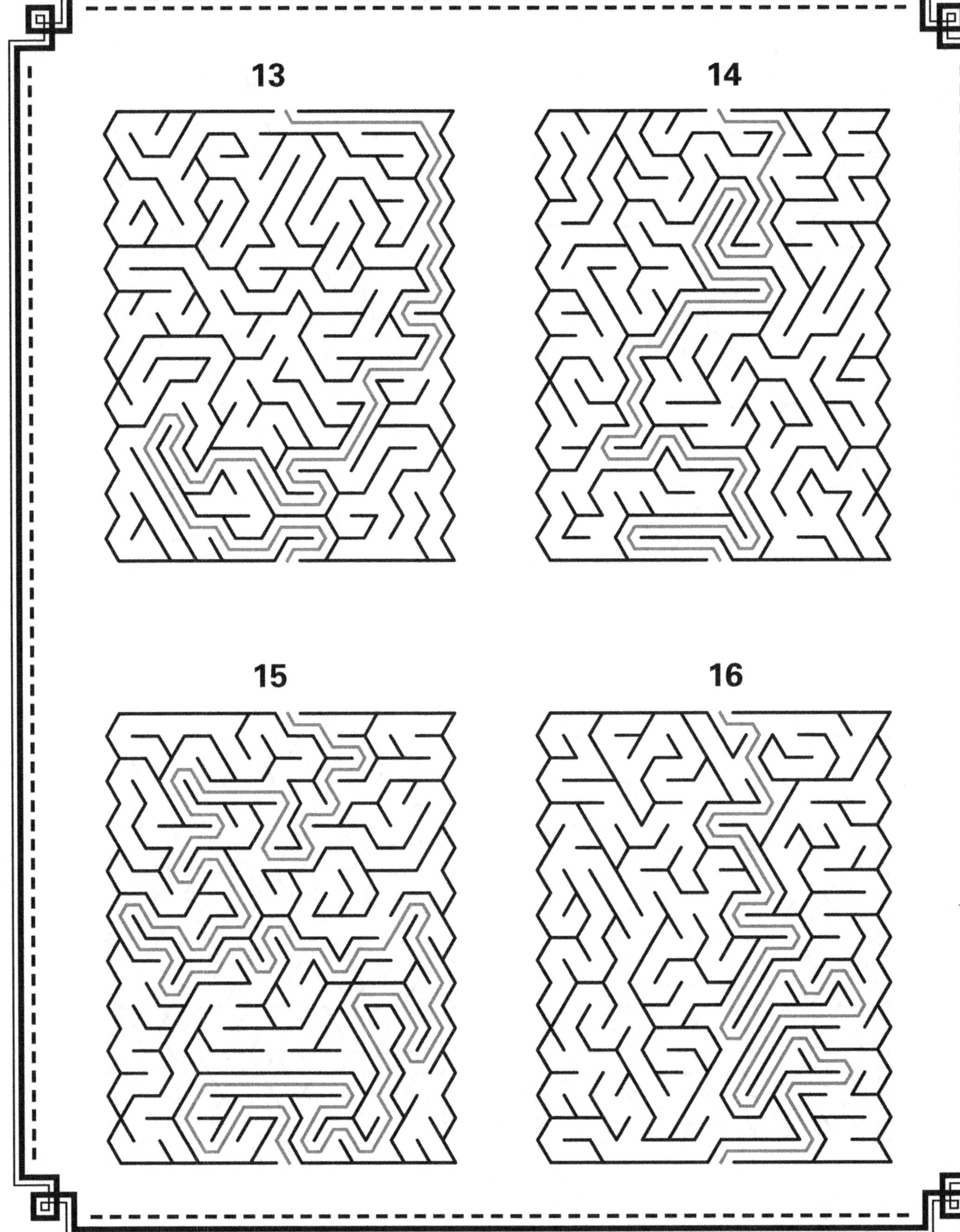

13
14
15
16

17

18

19

20

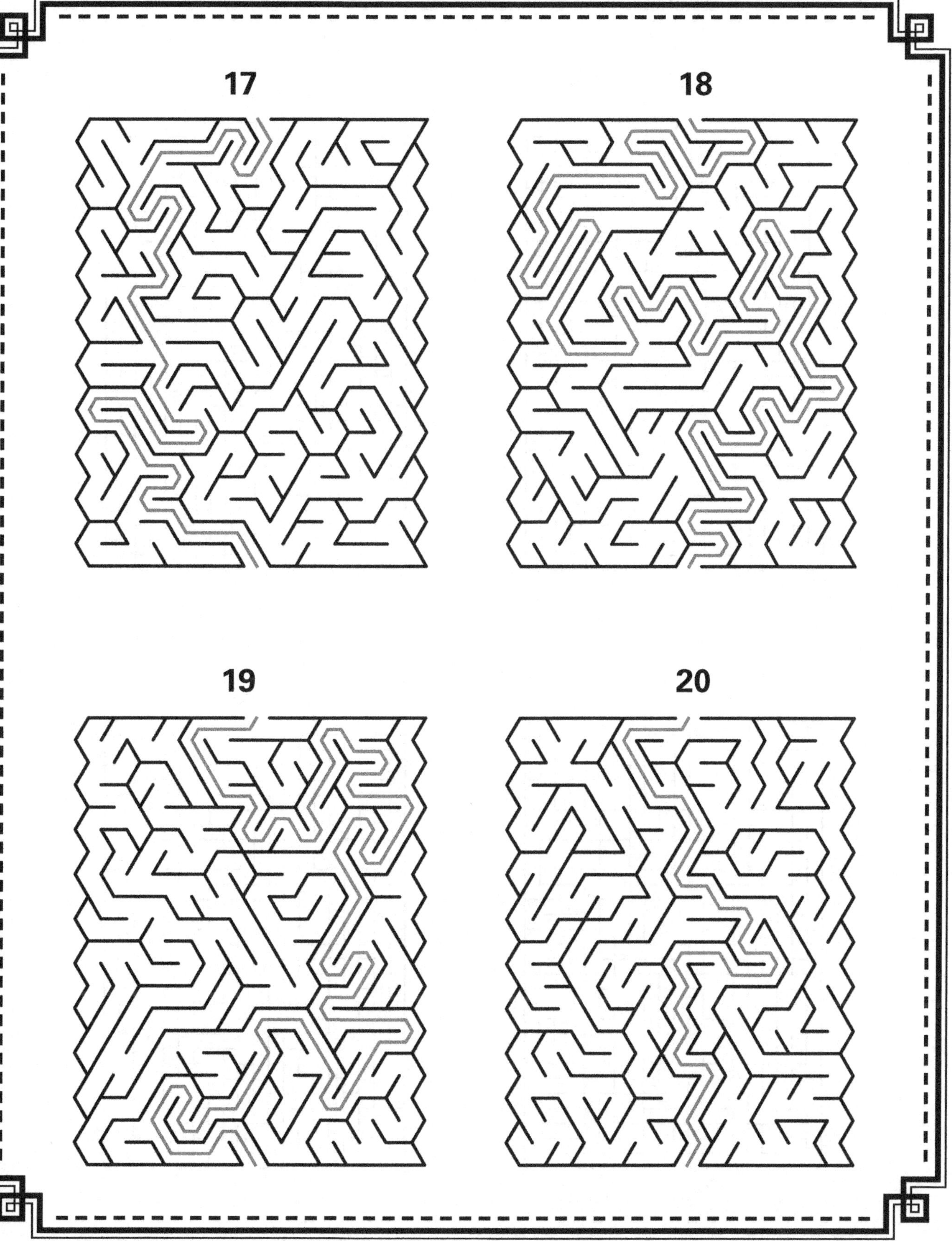

21

22

23

24

25

26

27

28

29

30

31

32

33
34
35
36

37
38
39
40

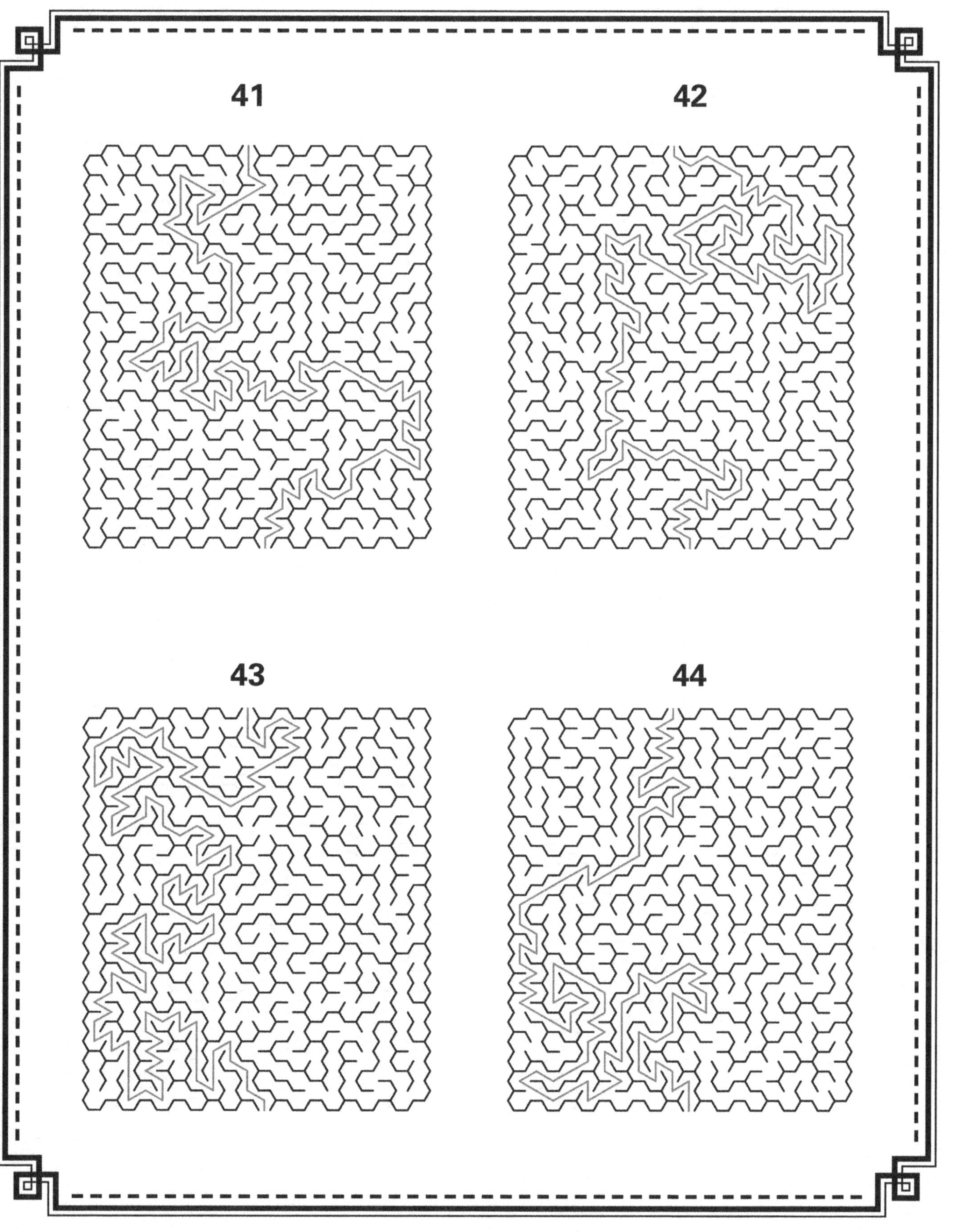

41
42
43
44

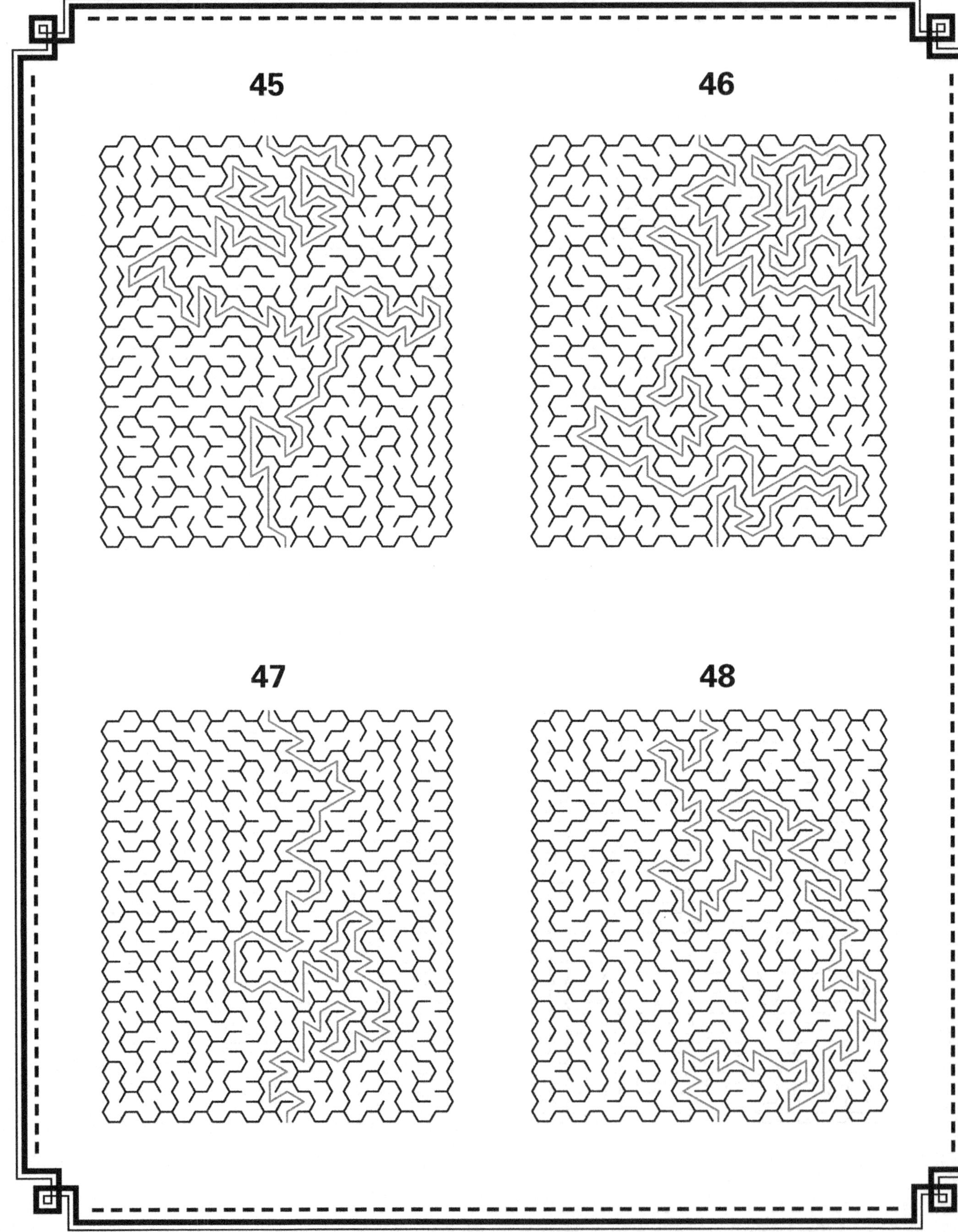
45
46
47
48

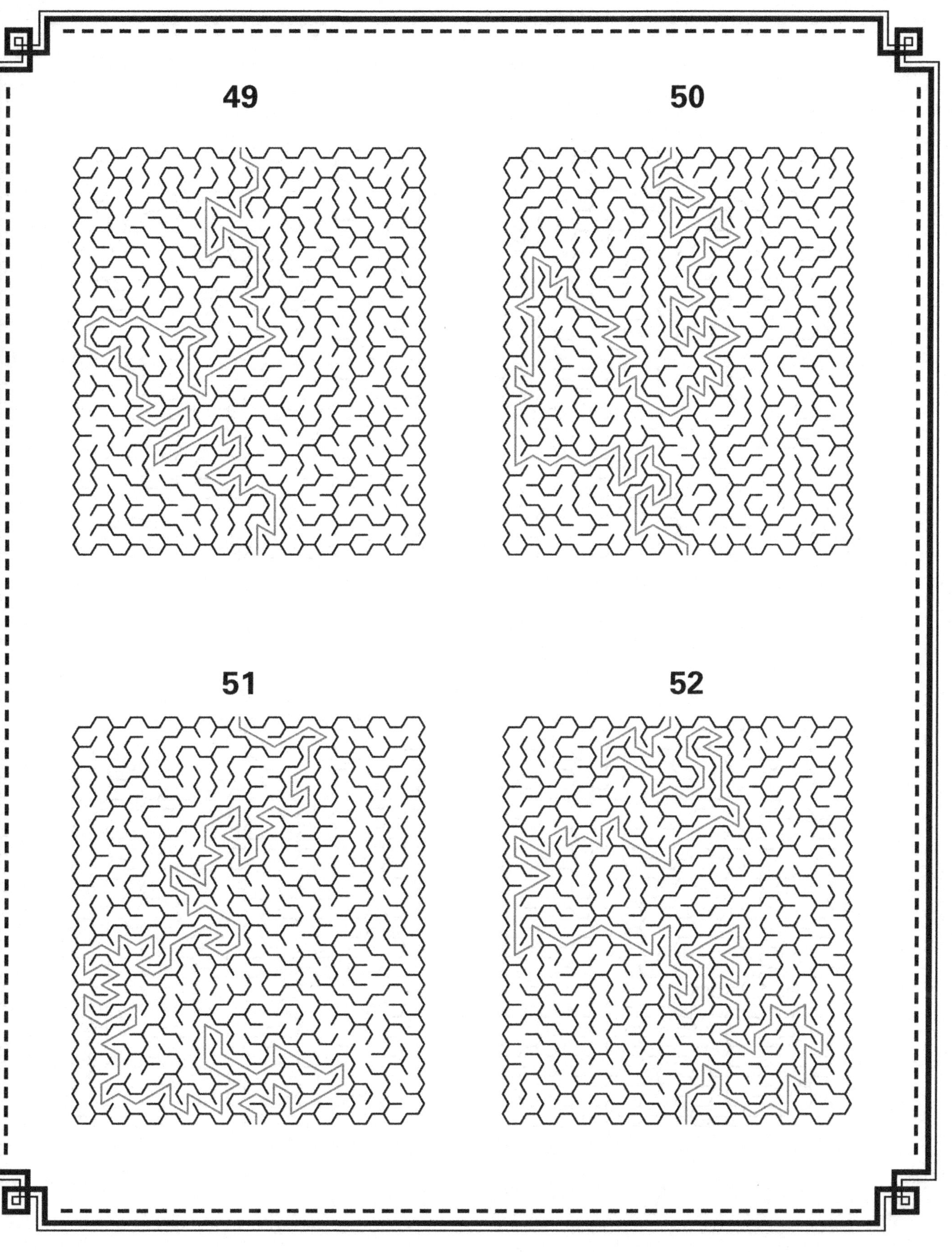
49
50
51
52

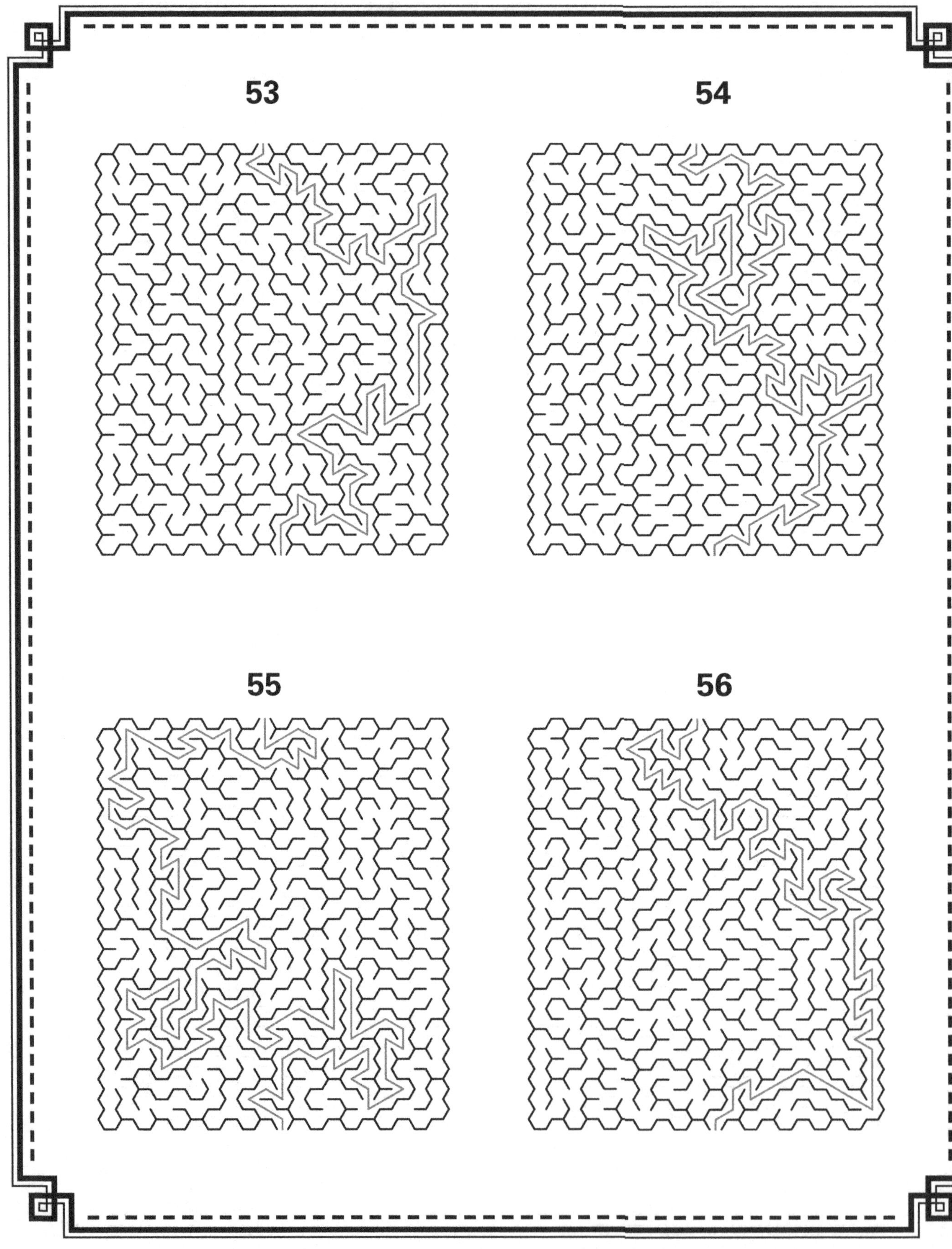

53
54
55
56

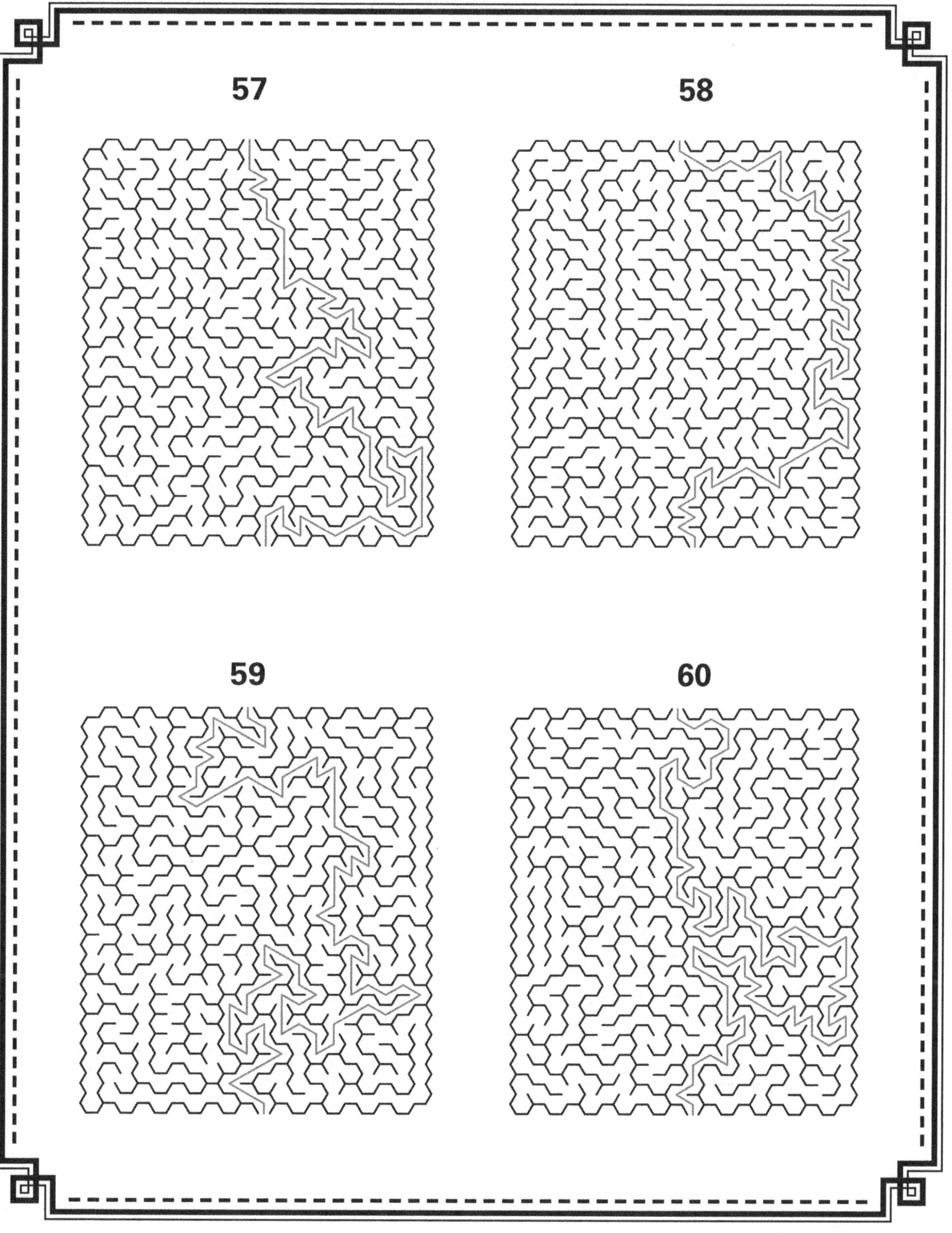

57

58

59

60

61

62

63

64

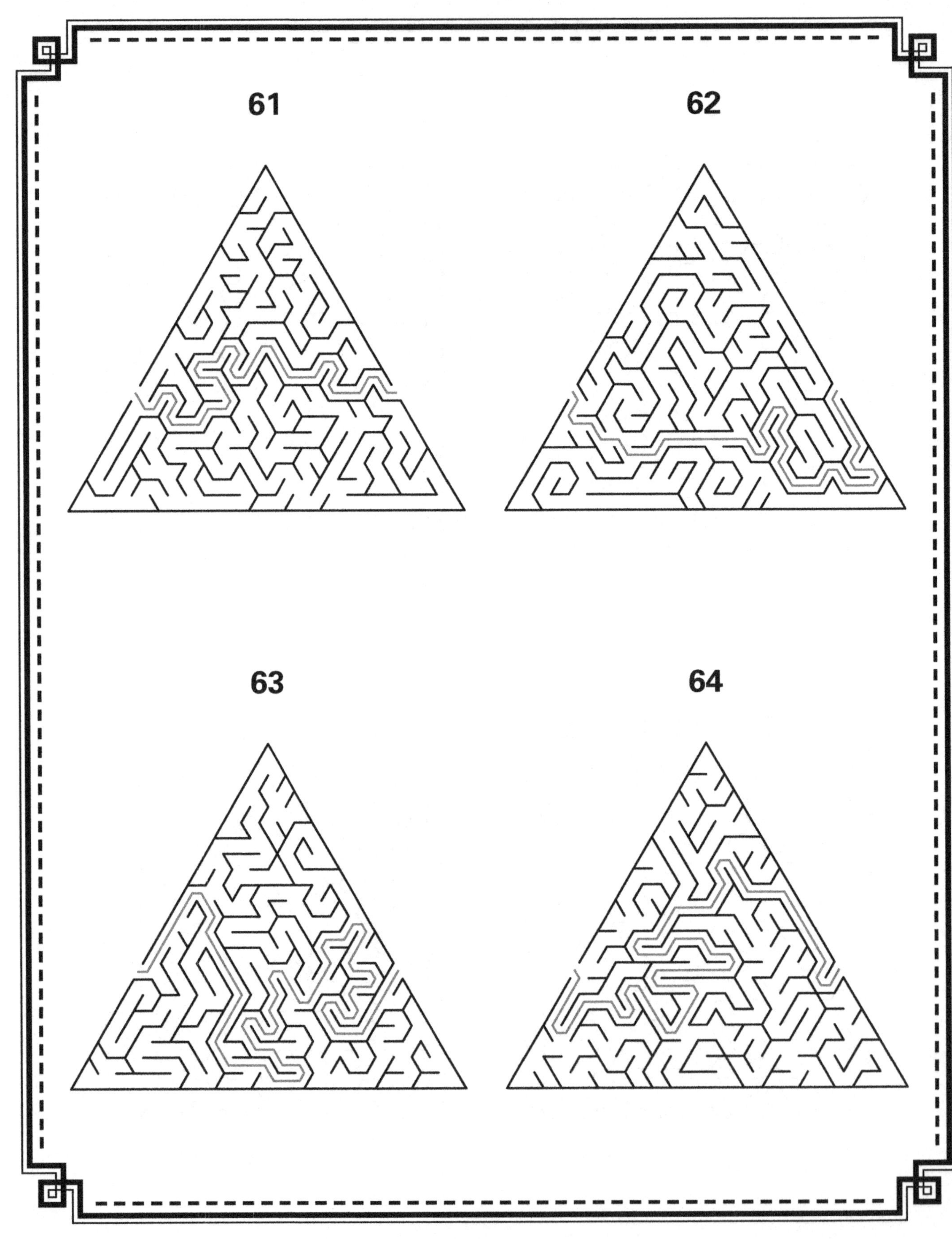

65

66

67

68

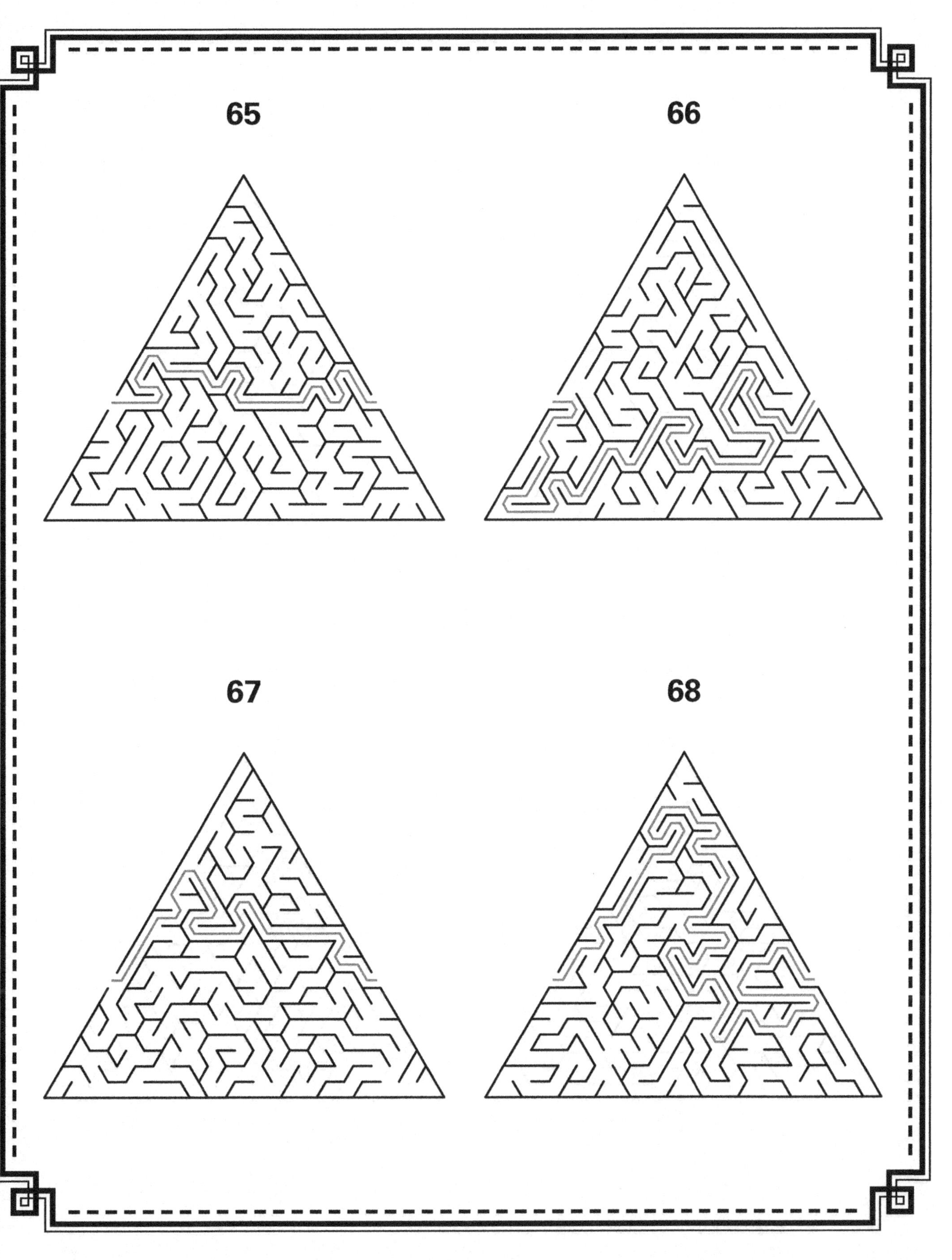

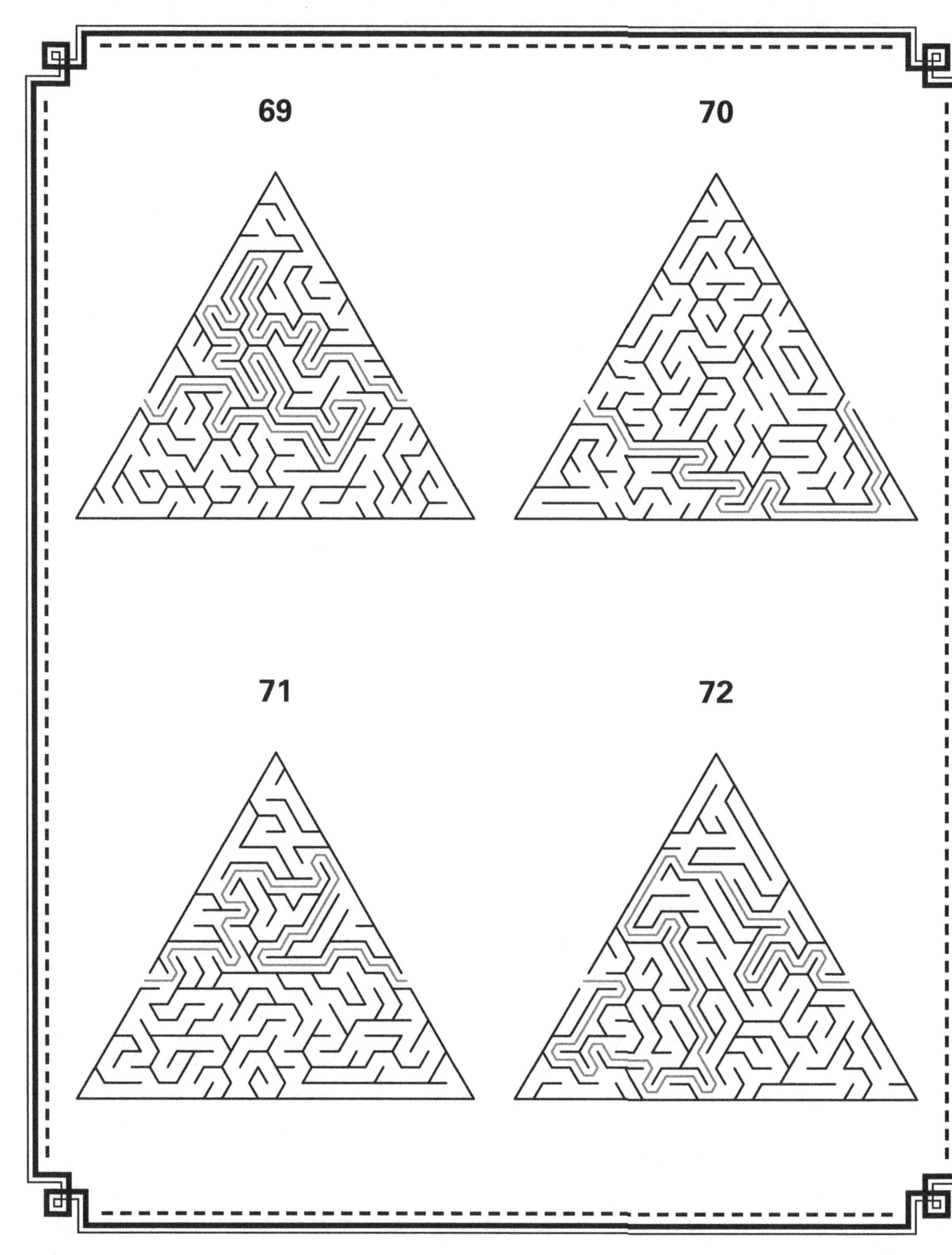

69
70
71
72

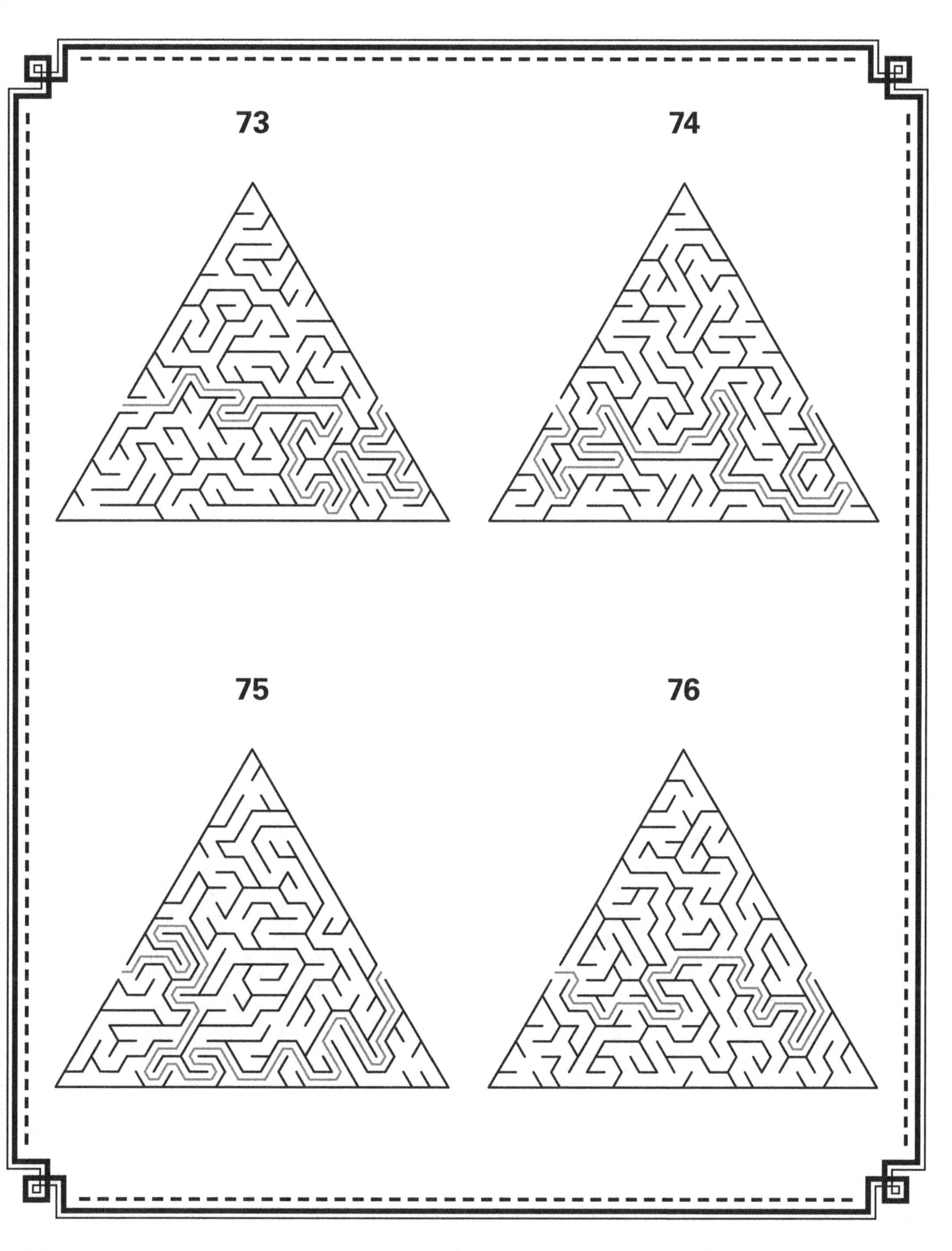

73
74
75
76

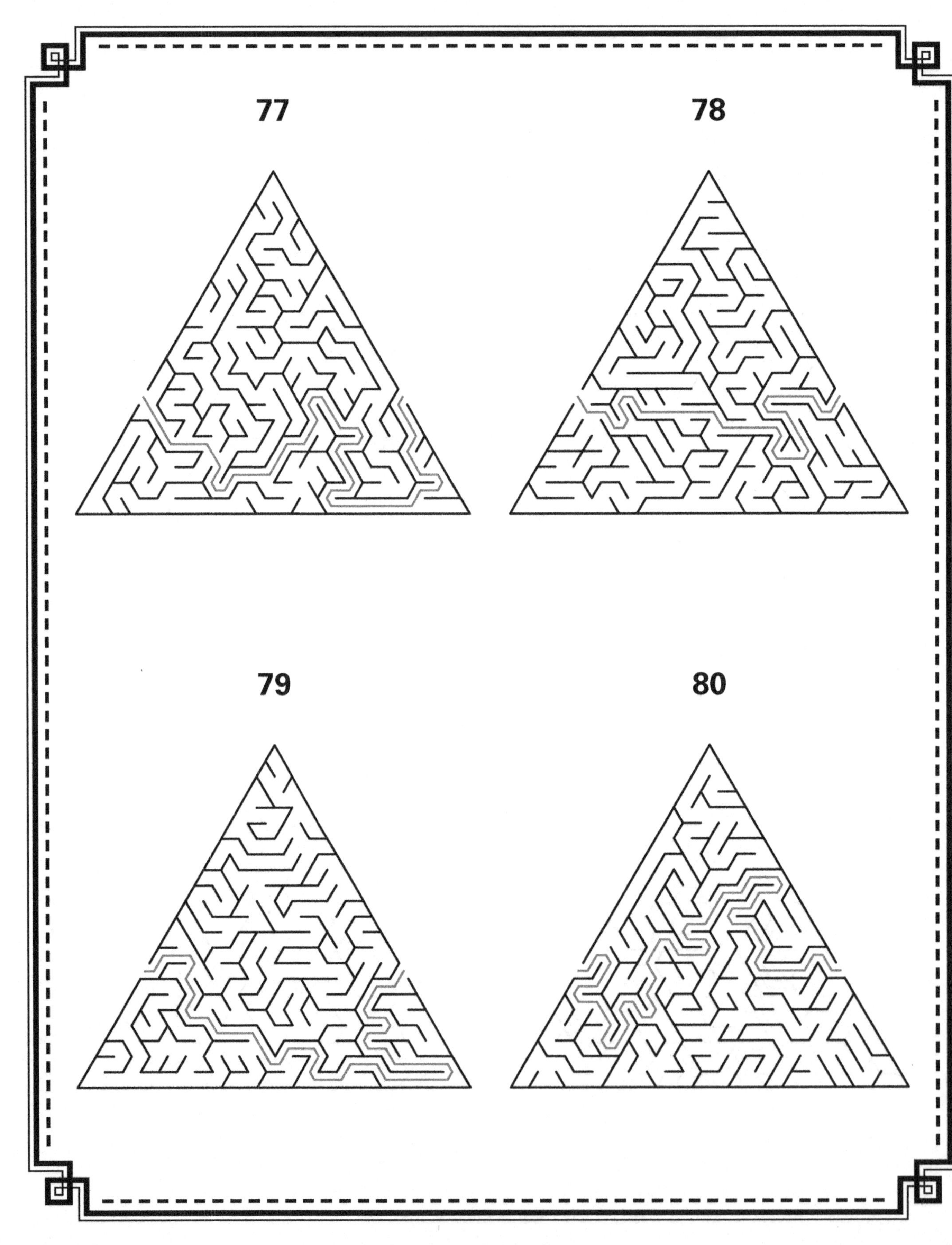

77
78
79
80

81

82

Made in the USA
Monee, IL
07 July 2026